BEI GRIN MACHT SICH IHR WISSEN BEZAHLT

- Wir veröffentlichen Ihre Hausarbeit, Bachelor- und Masterarbeit

- Ihr eigenes eBook und Buch - weltweit in allen wichtigen Shops

- Verdienen Sie an jedem Verkauf

Jetzt bei www.GRIN.com hochladen und kostenlos publizieren

Bibliografische Information der Deutschen Nationalbibliothek:

Die Deutsche Bibliothek verzeichnet diese Publikation in der Deutschen Nationalbibliografie; detaillierte bibliografische Daten sind im Internet über http://dnb.d-nb.de/ abrufbar.

Dieses Werk sowie alle darin enthaltenen einzelnen Beiträge und Abbildungen sind urheberrechtlich geschützt. Jede Verwertung, die nicht ausdrücklich vom Urheberrechtsschutz zugelassen ist, bedarf der vorherigen Zustimmung des Verlages. Das gilt insbesondere für Vervielfältigungen, Bearbeitungen, Übersetzungen, Mikroverfilmungen, Auswertungen durch Datenbanken und für die Einspeicherung und Verarbeitung in elektronische Systeme. Alle Rechte, auch die des auszugsweisen Nachdrucks, der fotomechanischen Wiedergabe (einschließlich Mikrokopie) sowie der Auswertung durch Datenbanken oder ähnliche Einrichtungen, vorbehalten.

Impressum:

Copyright © 2015 GRIN Verlag
Druck und Bindung: Books on Demand GmbH, Norderstedt Germany
ISBN: 9783668725126

Dieses Buch bei GRIN:

https://www.grin.com/document/427673

Christian Hölldobler

Analyse einer besuchten Gruppentrainings-Kurseinheit sowie Planung einer Wirbelsäulengymnastik

Optimaler Phasenverlauf und externe Bedingungen

GRIN Verlag

GRIN - Your knowledge has value

Der GRIN Verlag publiziert seit 1998 wissenschaftliche Arbeiten von Studenten, Hochschullehrern und anderen Akademikern als eBook und gedrucktes Buch. Die Verlagswebsite www.grin.com ist die ideale Plattform zur Veröffentlichung von Hausarbeiten, Abschlussarbeiten, wissenschaftlichen Aufsätzen, Dissertationen und Fachbüchern.

Besuchen Sie uns im Internet:

http://www.grin.com/

http://www.facebook.com/grincom

http://www.twitter.com/grin_com

Deutsche Hochschule für

Prävention und Gesundheitsmanagement

Hermann Neuberger Sportschule 3

66123 Saarbrücken

Einsendeaufgabe

Fachmodul: Gruppentraining I

Studiengang: BFÖ

**Datum
Präsenzphase** 09.11.15 – 12.11.15

Name, Vorname: Hölldobler, Christian

Studienort: München

Semester: SS 15

Inhaltsverzeichnis

1 OPTIMALER PHASENVERLAUF EINER KURSEINHEIT 3

2 BESUCH EINER KURSEINHEIT 4

2.1 Phasenverlauf des besuchten Kurses 4

2.2 Sportmotorische Fähigkeiten im besuchten Kurs 5

2.3 Betrachtung des Kursleiterverhaltens 5

3 EXTERNE BEDINGUNGEN EINER KURSEINHEIT 6

4 PLANUNG EINER WIRBELSÄULENGYMNASTIK 6

4.1 Zielgruppe 6

4.2 Ziele der Wirbelsäulengymnastik 7

4.3 Material 7

4.4 Stundenplanung 7

5 LITERATURVERZEICHNIS 16

6 ABBILDUNGS- UND TABELLENVERZEICHNIS 16

6.1 Tabellenverzeichnis 16

6.2 Abbildungsverzeichnis 16

1 Optimaler Phasenverlauf einer Kurseinheit

Um beim Gruppentraining erfolgreich zu sein, muss eine genaue Struktur eingehalten werden, die Drei-Phaseneinteilung. Diese wird untergliedert in Einleitung, Hauptteil und Schluss. Jeder dieser Phasen muss ein gleiches Maß an Aufmerksamkeit gewidmet werden, damit man die Trainingserfolge nicht mindert oder Verletzungen riskiert.

Abb. 1: Aufbau einer Trainingseinheit

Bei der Einleitung gibt es 3 Bausteine. Die Begrüßung, in der man für einen optimalen ersten Eindruck sorgen sollte und somit alle Kursteilnehmer freundlich begrüßt, den Stundenablauf grob beschreibt und Neulinge kurz einweist. Die allgemeine Erwärmung, in der man hauptsächlich das Herz-Kreislauf-System anregt und die Gelenke mobilisiert. Der letzte Baustein ist das spezielle Erwärmen, hier werden teilweise Übungen aus dem Hauptteil vereinfacht ausgeführt, um sich besser auf die eigentliche Einheit vorzubereiten. Zudem wird gedehnt um den Teilnehmern eine Verbesserung der Beweglichkeit zu gewährleisten.

Im Hauptteil differenziert man zwischen einer ausdauerorientierten, kraftorientierten und gesundheitsorientierten Kurseinheit. Hier wird das eigentliche Ziel der Kurseinheit verfolgt und erreicht ihren Höhepunkt. Ziel eines ausdauerorientierten Kurses ist es, die Ausdauerleistungsfähigkeit zu verbessern, den Kalorienverbrauch zu erhöhen und das Gewicht zu reduzieren. Beim kraftorientierten Kurs sind die Verbesserung der Kraftausdauer, die Erhöhung des Kalorienverbrauchs, sowie Haltungsverbesserungen und Figurformung die Ziele. Bei gesundheitsorientierten Kurseinheiten variieren die Ziele von Haltungsverbesserungen, zu Entspannungsfähigkeitsverbesserungen bis hin zu Beweglichkeitsverbesserungen.

Der Schlussteil beinhaltet 3 Bausteine, den Cool-Down I der den Schluss eines ausdauerorientierten Kurses einleitet oder zwischen den Bewegungen am Boden bzw. im Stand stattfindet. Die Zielsetzung hier ist eine Senkung von Puls und Körpertemperatur. Der zweite Baustein, der Cool-Down II, kann entweder separat oder zusammen mit dem Cool-Down I stattfinden. Hier wird am Ende des Kurses die Muskulatur gelockert, gedehnt, entspannt und mental beruhigt. Zuletzt findet die Verabschiedung statt. Der Kursleiter verabschiedet sich, gibt und erhält Feedback und weißt eventuell auf weitere Studioaktivitäten hin.

2 Besuch einer Kurseinheit

2.1 Phasenverlauf des besuchten Kurses

Es fand der Besuch einer Schlingentrainingseinheit statt. Dies ist ein primärer kraftorientierter Kurs, sekundär ausdauerorientiert und die Dauer betrug 45 Minuten. Die Kursleiterin begrüßte ihre Teilnehmer freundlich und gut gelaunt, erklärte den groben Stundenablauf und half ihnen beim Einstellen der Schlingen. Es fand ein allgemeines Warm-Up statt, mit einfachen Übungen wie Armheben oder Side-Steps, um einen Übergang vom Alltag zu schaffen und das Herz-Kreislauf-System vorzubereiten auf den Hauptteil. Ein spezielles Warm-Up fand anschließend statt mit komplexeren Übungen wie Kniebeugen und Beinheben, die den Übungen im Hauptteil nahe kommen.

Der Hauptteil beinhaltet 12 funktionsgymnastische kraftorientierte Übungen und 3 ausdauerorientierte Übungen. Somit entstehen 3 Blöcke mit je einer Übung für den Oberkörper, die Beine, den Core und die Ausdauer. Beispielsweise in Block 1 das Rudern in Schräglage (Oberkörper), Ausfallschritte (Beine), Beinheben in schräger Rückenlage (Core) und den anschließenden Skippings im Stand (Ausdauer).

Im Schlussteil wurde ein Cool-Down II durchgeführt, indem man entspannende Übungen im Vierfüßlerstand absolvierte um die Muskulatur zu lockern und den Teilnehmer zu entspannen. Das Ein- und Ausrollen der Wirbelsäule im Vierfüßlerstand wäre hier als Beispiel zu nennen. Die Verabschiedung begann mit dem Fragen der Kursleiterin, ob jeder entspannt sei und eventuelle Beschwerden hätte. Anschließend bedankte sich der Kursleiter für die gute Mitarbeit und das zahlreiche Erscheinen.

2.2 Sportmotorische Fähigkeiten im besuchten Kurs

Im besuchten Schlingentraining wird primär die Kraft beansprucht und sekundär die Ausdauer. Insgesamt 12 dynamischen Übungen für den Kraftteil und 3 für den Ausdauerteil.

Nr.	Übungsbezeichnung	Oberkörper/Beine/Core/Ausdauer	Sportmotorische Fähigkeit
1	Rudern in Schräglage	Oberkörper	Kraft
2	Ausfallschritte	Beine	Kraft
3	Beinheben in schräger Rückenlage	Core	Kraft
4	Skippings im Stand	Ausdauer	Ausdauer
5	Bizepscurl	Oberkörper	Kraft
6	Overhead-Sumo-Squats	Beine	Kraft
7	Seitstand mit Hüftheben	Core	Kraft
8	Skippings in der Liegestützposition	Ausdauer	Ausdauer
9	Liegestütze im schrägen Stand	Oberkörper	Kraft
10	Ballerina-Steps	Beine	Kraft
11	Seitliche Crunches in der Liegestützposition	Core	Kraft
12	Skippings in der breitbeinigen Hocke	Ausdauer	Ausdauer

Tab. 1: Übungsverlauf

2.3 Betrachtung des Kursleiterverhaltens

Die Kursleiterin erfüllte ihre Funktion des Lehrers, indem sie 10 Minuten vor dem Kursbeginn alles notwendige vorbereitet hat und während der Einheit zudem dauerhaft zentral stand um jeder Zeit auf individuelle Fragen der Teilnehmer eingehen zu können.

Die Funktion des Dienstleisters erfüllte sie durch eine gründliche technische und räumliche Vorbereitung in Form der Musik, den Trainingsgeräten, der Matten und durch das Einschalten der Lüftungsanlagen auch klimatisch.

Ihre Vorbildfunktion durch sportgerechte Funktionskleidung und einem gepflegten Äußerem war gegeben. Sie war authentisch und stets gut gelaunt, es herrschte ein perfektes Klima während der Einheit.

Sie animierte die Teilnehmer bei bevorstehender Ermüdung und lobte bei einer guten Ausführung und war ständig präsent mit ihrer Ausstrahlung.

3 Externe Bedingungen einer Kurseinheit

Die Rahmenbedingungen sind vor der Kursdurchführung einzuhalten. Sind die Räumlichkeiten zu klein für die Teilnehmerzahl oder ungeeignet für den Kursinhalt, müssen eventuell Teilnehmer fortgeschickt werden. Zudem sollte man die benötigte Ausstattung prüfen, ob es genügend Kleingeräte und Hilfsmittel pro Teilnehmer gibt oder ob die Musikanlage funktionsfähig ist. Ansonsten gibt es während der Einheit Probleme wegen fehlendem Equipment, die den Kurs stören. Das Klima muss beachtet werden, da es wetterfühlige Kunden gibt, welche morgendliche Anlaufschwierigkeiten bis hin zu abendlichen Unkonzentriertheiten haben. Somit kann man flexibel auf eventuell auftretende Probleme reagieren.

Nachdem die Rahmenbedingungen geklärt sind, wird die Zielgruppe definiert, ohne dabei ein Ausschlusskriterium für andere potenzielle Teilnehmer zu sein. Die Gruppengröße angepasst an Raumgröße und Inhalt ist wichtig um das Ziel des Kurses zu erreichen. Beispielsweise eine zu große Gruppe von Teilnehmern, die verstärkt korrigiert werden müssen, führt zu Problemen im Zeitmanagement. Das Alter der Zielgruppe ist festzulegen, da man mit älteren Leuten nicht so intensiv arbeiten kann und somit die Inhalte variabel anpassen muss. Bei einem Kurs ohne Altersbegrenzung kann man so mit Intensitätsvarianten arbeiten. Das Geschlecht spielt eine weitere Rolle. Männer bevorzugen eher Kursinhalte mit schweren Gewichten als Frauen, somit ist der Kursleiter pädagogisch gefordert, männliche Teilnehmer für einen Kurs mit beispielsweise komplexen Schrittkombinationen zu begeistern, oder umgekehrt Frauen für kraftorientierte Kurse. Das Leistungslevel ist der Zielgruppe anzupassen, Einsteiger sind sonst überfordert und der Kurs wirkt abschreckend und Fortgeschrittene langweilen sich.

Als letztes betrachten wir die Zielsetzung. Sie gestaltet das Herzstück der Kurseinheit und dieses wiederum die Warm-Ups und Cool-Downs. Man muss als Kursleiter den Teilnehmern klar die Ziele definieren können, die sie dort erreichen. Dabei unterscheidet man zwischen langfristigen und kurzfristigen Zielen. Erstere Verbessern beispielsweise die sportmotorischen Fähigkeiten, zweitere sind innerhalb einer Kurseinheit zu erreichen wie z.B. eine neue Schrittfolge oder Übung.

4 Planung einer Wirbelsäulengymnastik
4.1 Zielgruppe

Die Zielgruppe des Wirbelsäulengymnastikkurses ist eine gemischtgeschlechtliche Einsteigergruppe in einer Größenordnung von 10 Teilnehmern um genügend Zeit und Übersicht zu haben. Dabei werden Ausführungshinweise gegeben und auf eine saubere Bewegungsausführung Wert gelegt. Das Alter Zielgruppe wird auf 30 Jahre und älter gesetzt, da ab diesem Alter berufsbedingt oder altersbedingt häufiger Probleme im Wirbelsäulenbereich auftreten.

4.2 Ziele der Wirbelsäulengymnastik

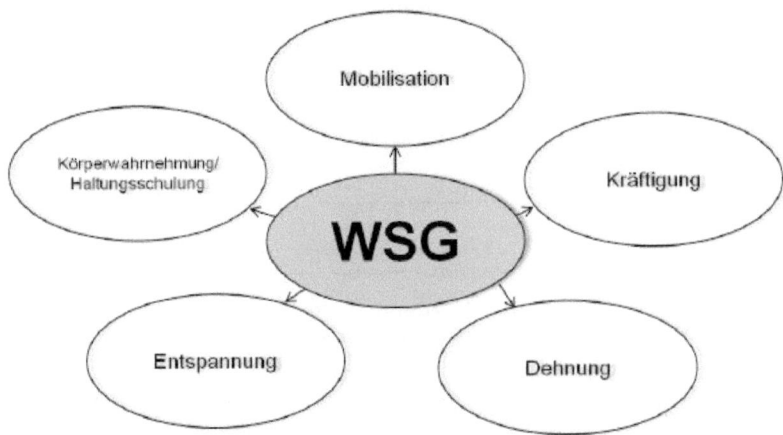

Abb. 2: Ziele/Inhalte einer WSG

Die Ziele der Wirbelsäulengymnastik sind die Prävention von Erkrankungen des Bewegungs- und Stützapparats, die Verbesserung der Körperwahrnehmung, der Ausgleich von muskulären Dysbalancen und die Steigerung der physischen und psychischen Entspannungsfähigkeit. In dieser WSG- Einheit gehen wir neben der Prävention intensiver auf die Verbesserung der Körperwahrnehmung und die Steigerung der physischen und psychischen Entspannungsfähigkeit ein.

4.3 Material

Material
Gymnastikmatte
Handtuch

Tab. 2: Materialliste

4.4 Stundenplanung

Allgemeines Warm-Up (4,5 Minuten)

Ziel der Übung	Übungsbezeichnung/Name der Übung	Übungsbeschreibung	Belastungsgefüge	Bemerkungen/Hinweise
- Dehnen - Herz-Kreislauf-System anregen - Mobilisation der Gelenke	Beine dehnen	Auf den Boden setzen. Das linke Bein ausstrecken, das rechte Bein anwinkeln und den Fuß gegen den linken Oberschenkel pressen. Den linken Fuß aufstellen, die Spitze zeigt so weit wie möglich zum Körper. Nun mit geradem Rücken nach vorne lehnen und die linke Fußspitze mit beiden Händen berühren, bestenfalls umfassen und nach vorne ziehen. Sie sollten nun ein Ziehen im Unter- und Oberschenkel verspüren. 15 Sekunden halten, dann das rechte Bein dehnen.	15 Sekunden halten	- gerader Rücken
- Dehnen - Herz-Kreislauf-System anregen - Mobilisation der Gelenke	Oberschenkel dehnen	Gerade aufstellen. Der Blick ist nach vorn gerichtet. Nun das rechte Bein nach hinten anwinkeln bis die Ferse den Po berührt. Die Oberschenkel beider Beine bleiben parallel. Umfassen Sie den rechten Fuß mit beiden Händen und pressen Sie ihn gegen den Rücken. Es sollte nun im Oberschenkel ziehen. Um bei diesem Balanceakt das Gleichgewicht zu halten, fixieren Sie mit den Augen einen unbeweglichen Gegenstand in der Ferne. Position 15 Sekunden halten, dann das Bein wechseln.	15 Sekunden halten	- Blick nach vorne - Gleichgewicht halten
- Dehnen - Herz-Kreislauf-	Arme dehnen	Gerade hinstellen. Die Hände vor dem	15 Sekunden halten	- gerade hinstellen

System anregen - Mobilisation der Gelenke			Körper verschränken und senkrecht über dem Kopf nach oben strecken. Ziehen Sie mit den Händen den gesamten Körper nach oben. 15 Sekunden halten, dann den Oberkörper nach vorn beugen und die Arme horizontal nach vorn ausstrecken. Wieder von den Händen aus Dehnung ausüben. 15 Sekunden halten.		

Tab. 3: Allgemeines Warm-Up

Spezielles Warm-Up (4,5 Minuten)					
Ziel der Übung	Übungsbezeichnung/Name der Übung		Übungsbeschreibung	Belastungsgefüge	Bemerkungen/Hinweise
- Dehnen - Verstärkte Vorbereitung auf den Hauptteil	Nacken dehnen		Stellen Sie sich gerade hin. Legen Sie den Kopf nach rechts zur Seite und drücken Sie ihn mit der rechten Hand sanft nach unten, bis es in Hals und Nacken leicht zieht. Die Position 15 Sekunden halten, dann den Kopf mit der linken Hand zur linken Seite drücken. Abschließend lassen Sie die Hände locker nach unten hängen und führen Sie das Kinn nach vorn zur Brust, als wollten Sie ein Doppelkinn bilden. Position 15 Sekunden halten, dann locker den ganzen	- 15 Sekunden halten	- gerader Stand

		Körper ausschütteln.		
- Dehnen - Verstärkte Vorbereitung auf den Hauptteil	Oberarme dehnen	Stellen Sie sich gerade hin. Den rechten Arm erst vertikal nach oben strecken, dann den Unterarm hinter dem Kopf anwinkeln. Drücken Sie nun mit der linken Hand den rechten Ellbogen hinter dem Kopf seitlich nach hinten, bis Sie ein Ziehen im rechten Oberarm spüren. Position 15 Sekunden halten, dann den linken Arm dehnen.	- 15 Sekunden halten	- gerader Stand
- Dehnen - Verstärkte Vorbereitung auf den Hauptteil	Rücken dehnen	Knien Sie sich auf den Boden. Nun nach vorne einen Katzenbuckel machen und den Oberkörper auf dem Schoß ablegen. Der Kopf ist in der Verlängerung der Wirbelsäule. Strecken Sie beide Arme so weit wie möglich nach vorn aus, sodass der Rücken gedehnt und entspannt wird. Position 20 Sekunden halten, dabei bewusst ein- und ausatmen.	- 20 Sekunden halten	- Kniend auf dem Boden

Tab. 4: Spezielles Warm-Up

Gesundheitsorientierter Hauptteil (27 Minuten)

Ziel der Übung	Übungsbezeichnung/Name der Übung	Übungsbeschreibung	Belastungsgefüge	Bemerkungen/Hinweise
- Verbesserung der Haltung - Verbesserung der Entspannungsfähigkeit - Verbesserung der Körperwahrnehmung	Arm- und Beinstrecken im Vierfüßlerstand	Begeben Sie sich in einen Vierfüßlerstand: Dabei sind die Arme gestreckt und berühren senkrecht unter den Schultern den Boden, die Knie stehen unter den Hüften. Strecken Sie nun das linke Bein nach hinten und den rechten Arm nach vorne aus. Halten Sie diese Position für 10 bis 15 Sekunden und wechseln Sie dann die Seite. Führen Sie die Übung insgesamt fünfmal pro Seite durch.	- 10 bis 15 Sekunden halten	- Arm und Bein bilden eine Linie mit dem Rumpf - Oberkörper parallel zum Boden und nicht verdrehen - Vermeidung eines Hohlkreuz, spannen Sie die Bauchmuskulatur an. - Blick auf den Boden
- Verbesserung der Haltung - Verbesserung der Entspannungsfähigkeit - Verbesserung der Körperwahrnehmung	Rumpfheber	Legen Sie sich flach auf den Boden und spannen Sie Bauch, Rücken und Po an. Die Arme sind nach vorne ausgestreckt, die Fußspitzen aufgestellt. Heben Sie nun den Oberkörper leicht an, der Blick bleibt dabei auf den Boden gerichtet. Halten Sie diese Position für mindestens 10 bis	- 10 bis 15 Sekunden halten	Alternativ: Hände und Beine schnell und abwechselnd nach oben und unten pendeln

			15 Sekunden und legen Sie den Oberkörper anschließend wieder ab. Führen Sie die Übung insgesamt sechsmal durch.		
- Verbesserung der Haltung - Verbesserung der Entspannungsfähigkeit - Verbesserung der Körperwahrnehmung	Rückenschaukel		Legen Sie sich auf den Boden und achten Sie darauf, dass der Rücken flach aufliegt und Sie kein Hohlkreuz machen. Pressen Sie die Wirbelsäule aber auch nicht auf die Matte. Winkeln Sie Beine an, sodass zwischen Ober- und Unterschenkel ein 90 Grad Winkel entsteht. Umfassen Sie die Schienbeine anschließend mit den Armen und ziehen Sie die Beine zum Körper heran. Heben Sie nun den Kopf und die Schultern leicht vom Boden ab und schaukeln Sie langsam etwa 15mal vor und zurück. Führen Sie die Übung insgesamt dreimal durch.	- 15 mal vor und zurück schaukeln - 3 Durchgänge	- Rücken liegt flach auf - kein Hohlkreuz
- Verbesserung der Haltung - Verbesserung der Entspannungsfähigkeit - Verbesserung der Körperwahrnehmung	Brücke		Legen Sie sich auf den Rücken und stellen Sie beide Beine auf. Die Arme liegen neben	- 10 bis 15 Sekunden halten - 6 Durchgänge	Alternativ: Abwechselnd linkes und rechtes Bein anheben und ausstrecken

			dem Körper, die Handflächen zeigen nach unten. Heben Sie nun das Becken an und achten Sie darauf, dass Ihr Körper (Schulter, Becken und Knie) eine gerade Linie bildet. Halten Sie diese Position für etwa 10 bis 15 Sekunden und senken Sie dann das Becken langsam wieder ab. Führen Sie die Übung insgesamt sechsmal durch.		
- Verbesserung der Haltung - Verbesserung der Entspannungsfähigkeit - Verbesserung der Körperwahrnehmung	Wirbelsäule dehnen		Legen Sie sich mit dem Rücken auf den Boden, stellen Sie die Beine auf und legen Sie die Arme im rechten Winkel zum Körper ab. Kippen Sie nun beide Knie zur rechten Seite, der Kopf wird nach links gedreht. Achten Sie dabei darauf, dass der Rücken auf dem Boden liegen bleibt. Halten Sie diese Position für 10 Sekunden und kippen Sie dann die Beine auf die linke Seite. Der Blick geht nun nach rechts. Führen Sie	- 10 Sekunden halten - 5 Durchgänge	- Rücken bleibt auf Boden liegen

		die Übung insgesamt fünfmal pro Seite durch.		
- Verbesserung der Haltung - Verbesserung der Entspannungsfähigkeit - Verbesserung der Körperwahrnehmung	Seitstütz	Legen Sie sich auf die rechte Seite und stützen Sie sich mit dem rechten Unterarm ab. Strecken Sie die Beine übereinander aus und heben Sie die Hüfte an. Die linke Hand legen Sie an die Hüfte. Achten Sie bei der Übungsausführung darauf, dass Beine und Rumpf eine Linie bilden. Halten Sie die Position für 10 bis 15 Sekunden und wechseln Sie dann die Seite. Führen Sie die Übung insgesamt fünfmal pro Seite durch.	- 10 - 15 Sekunden halten - 5 Durchgänge	- Beine und Rumpf bilden eine Linie
- Verbesserung der Haltung - Verbesserung der Entspannungsfähigkeit - Verbesserung der Körperwahrnehmung	Katzenbuckel	Gehen Sie in den Vierfüßlerstand: Die Arme sind gestreckt und berühren senkrecht unter den Schultern den Boden, die Knie stehen unter den Hüften. Drücken Sie nun den Brustkorb nach unten und nehmen Sie den Kopf leicht in den Nacken (Hohlkreuz). Halten Sie diese Position kurz. Rollen Sie an-	- einige Sekunden halten - 10 Durchgänge	- langsames Auf- und Abrollen

		schließend den Rücken nach oben und beugen das Kinn in Richtung Brust (Buckel). Halten Sie auch diese Position einige Sekunden. Führen Sie die Übung insgesamt zehnmal durch.		

Tab. 5: Gesundheitsorientierter Hauptteil

Cool-Down II (9 Minuten)				
Ziel der Übung	Übungsbezeichnung/Name der Übung	Übungsbeschreibung	Belastungsgefüge	Bemerkungen/Hinweise
- Lockerung der Muskulatur - mentale Beruhigung der Teilnehmer	Ausschütteln eines Beines	Eine Partnerübung, bei der einer der Teilnehmer das Bein eines Anderen nimmt und locker ausschüttelt, danach Beinwechsel und anschließend untereinander tauschen.	Keines da Muskulatur entspannt wird	- behutsames Schütteln
- Lockerung der Muskulatur - mentale Beruhigung der Teilnehmer	sanftes Klopfen auf den Rücken	Eine Partnerübung, bei der einer der Teilnehmer den Rücken des Anderen sanft klopft, und anschließend untereinander gewechselt wird.	Keines da Muskulatur entspannt wird	- sanftes Klopfen
- Lockerung der Muskulatur - mentale Beruhigung der Teilnehmer	Ausschütteln beider Arme und der Schulter	Eine Partnerübung, bei der einer der Teilnehmer die Arme eines anderen nimmt und ausschüttelt. Anschließend wechselt man untereinander.	Keines da Muskulatur entspannt wird	- behutsames Schütteln

Tab. 6: Cool-Down II

5 Literaturverzeichnis

Studienbrief „Gruppentraining I" rev.13.008.000 2015

http://www.gesundheit.de/fitness/sport-bewegung/dehnen/dehnuebungen (abgerufen am: 22.11.2015 um 21:43 Uhr)

http://www.gesundheit.de/fitness/fitness-uebungen/rueckenuebungen/rueckenuebungen (abgerufen am 23.11.2015 um 18:20 Uhr)

http://www.sportunterricht.de/lksport/entspannung.html (abgerufen am 25.11.2015 um 18:45 Uhr)

6 Abbildungs- und Tabellenverzeichnis

6.1 Tabellenverzeichnis

Tab. 1: Übungsverlauf	Seite 5
Tab. 2: Materialliste	Seite 7
Tab. 3: Allgemeines Warm-Up	Seite 7 ff.
Tab. 4: Spezielles Warm-Up	Seite 9 f.
Tab. 5: Gesundheitsorientierter Hauptteil	Seite 10 ff.
Tab. 6: Cool-Down II	Seite 15

6.2 Abbildungsverzeichnis

Abb. 1: Aufbau einer Trainingseinheit	Seite 3
Abb. 2: Ziele/Inhalte einer WSG	Seite 7

BEI GRIN MACHT SICH IHR WISSEN BEZAHLT

- Wir veröffentlichen Ihre Hausarbeit, Bachelor- und Masterarbeit

- Ihr eigenes eBook und Buch - weltweit in allen wichtigen Shops

- Verdienen Sie an jedem Verkauf

Jetzt bei www.GRIN.com hochladen und kostenlos publizieren